MW01254059

First Fire

Ce feu qui dévore

Les Éditions du Vermillon reconnaissent l'aide financière
du Conseil des Arts du Canada, du Conseil des arts de l'Ontario,
de la Ville d'Ottawa, et du gouvernement du Canada (Programme d'aide
au développement de l'industrie de l'édition, PADIÉ,
du ministère du Patrimoine canadien) pour leurs activités d'édition.
BuschekBooks gratefully acknowledges the support of the Canada Council for the Arts
and the Ontario Arts Council for its publishing program.

 Patrimoine canadien   Canadian Heritage

Catalogage avant publication de Bibliothèque et Archives Canada McInnis, Nadine, 1957- [First fire. Français & anglais] First Fire = Ce feu qui dévore / Nadine McInnis. Poèmes. Publ. en collab. avec BuschekBooks. Texte en anglais et en français.	Library and Archives Canada Cataloguing in Publication McInnis, Nadine, 1957- [First fire. French & English] First Fire = Ce feu qui dévore / Nadine McInnis. Poems. Co-published by BuschekBooks. Text in English and French.
ISBN 1-894547-91-8.—ISBN 1-894543-32-7 (BuschekBooks)	ISBN 1-894547-91-8.—ISBN 1-894543-32-7 (BuschekBooks)
I. Titre. II. Titre: Ce feu qui dévore. III. Titre: First Fire. Français & anglais.	I. Title. II. Title: Ce feu qui dévore. III. Title: First Fire. French & English.
PS8575.I54F57 2005 C811'.54 C2005-903013-5F	PS8575.I54F57 2005 C811'.54 C2005-903013-5E

Les Éditions du Vermillon
305, rue Saint-Patrick
Ottawa (Ontario) K1N 5K4
Téléphone : (613) 241-4032
Télécopieur : (613) 241-3109
Courriel : leseditionsduvermillon@rogers.com

Distributeur : Prologue
1650, boulevard Lionel-Bertrand
Boisbriand (Québec) J7H 1N7
Téléphone : 1-800 363-2864
    (450) 434-0306
Télécopieur : 1-800 361-8088
    (450) 434-2627

BuschekBooks
PO Box 74053
5 Beechwood Avenue
Ottawa, Ontario K1M 2H9
Tel.: (613) 744-2589   Fax: (613) 744-2967
Email: buschek.books@sympatico.ca

Sales representation:
The Literary Press Group of Canada
192 Spadina Avenue, Suite 501
Toronto, Ontario M5T 2C2
Tel.: (416) 383-1321   Fax: (416) 383-2510
Web site: www.lpg.ca

Trade orders: Lit DistCo
100 Armstrong Avenue
Georgetown, Ontario L7G 5S4
Tel.: 1-800 591-6250   Fax: 1-800 591-6251
Email: orders@litdistco.ca

ISBN 1-894547-91-8 (Vermillon) ISBN 1-894543-32-7 (BuschekBooks)
COPYRIGHT © Les Éditions du Vermillon, 2005
Dépôt légal, troisième trimestre de 2005 / Legal deposit, third trimester of 2005
Bibliothèque et Archives Canada / Library and Archives Canada

Nadine McInnis

First Fire
Ce feu qui dévore

Poems / Poèmes

Translation/Traduction
Andrée Christensen and/et **Jacques Flamand**

Transvoix, n° 5

BuschekBooks

 **Vermillon**

BIOGRAPHIES

The Author: Nadine McInnis

Nadine McInnis is the author of three previous collections of poetry: *Shaking the Dreamland Tree*, *The Litmus Body* (which won the Ottawa Book Award and was shortlisted for the Pat Lowther Award for the best book of poetry by a Canadian woman) and *Hand to Hand*. Her poetry has also won second prize in the CBC Literary Competition and first prize in the League of Canadian Poets National Poetry Contest. She has also published a book of literary criticism, *Poetics of Desire*, on the love poetry of Dorothy Livesay, and one book of short fiction, *Quicksilver*, that was nominated for national, provincial and regional literary awards. Her poems and stories have been published widely in anthologies and magazines. She has lived on the Thunderchild reserve and near Livelong, Saskatchewan, where some of these poems were written. She now lives in Ottawa with her family where she is completing *Two Hemispheres*, a collection of poetry inspired by the first medical photographs of women patients from the Surrey County Lunatic Asylum.

BIOGRAPHIES

L'auteure : Nadine McInnis

Nadine McInnis a déjà publié trois recueils de poésie, *Shaking the Dreamland Tree*, *The Litmus Body* (Prix du livre d'Ottawa et finaliste du Prix Pat Lowther attribué au meilleur livre de poésie écrit par une Canadienne) et *Hand to Hand*. Sa poésie a en outre obtenu le second prix du Concours littéraire de la CBC - Radio-Canada et le premier prix du Concours national de poésie de la League of Canadian Poets. Elle est aussi l'auteure d'un ouvrage de critique littéraire, *Poetics of Desire*, sur la poésie de l'amour de Dorothy Livesay, et d'un recueil de nouvelles, *Quicksilver*, qui a été au nombre des meilleurs titres retenus pour différents prix littéraires régionaux, provinciaux et nationaux. Ses poèmes, récits et nouvelles ont également été publiés dans de nombreuses revues et anthologies. Nadine McInnis a vécu dans la réserve de Thunderchild et près de Livelong, en Saskatchewan, où certains poèmes du présent recueil ont été écrits. Elle est actuellement établie à Ottawa, avec sa famille. Elle travaille à un recueil de poésie, *Two Hemispheres,* inspiré par les premières photographies médicales de patientes de l'établissement de soins psychiatriques du comté de Surrey.

The Translators:
Andrée Christensen and Jacques Flamand

Poet and translator, Andrée Christensen has published fourteen books, some illustrated with her own collages and photographs. She has also produced five artist books in collaboration with visual artists from Ontario and Quebec.

Essayist, poet, short story writer, author of children's books, Jacques Flamand has published more than forty works. He is also a professional translator. He taught translation, editing and writing at the University of Ottawa and at the University du Québec en Outaouais. He has been teaching creative writing on the Ontario and Quebec side of the Ottawa River for twelve years.

The Photographer: Vivian Tors

"My work is driven by an insatiable curiosity about why we exist and how our perceptions shape our awareness of our existence. I am especially interested in the paradox of the simultaneous fragility and tenacity with which we live our lives as human beings."

V.T.

Vivian Tors is a photo-based artist living in Ottawa, Canada. She studied photography at the University of Ottawa, and the Ottawa School of Art, and holds an Honours degree in Art History from Carleton University. She regularly shows her work to ever-increasing audiences throughout Canada and beyond.

Les traducteurs :
Andrée Christensen et Jacques Flamand

Poète et traductrice, Andrée Christensen a publié quatorze ouvrages, dont certains illustrés de ses collages et de ses photographies. Elle a également réalisé cinq livres d'artistes avec des artistes visuels de l'Ontario et du Québec.

Essayiste, poète, nouvelliste, auteur pour enfants, Jacques Flamand a publié plus de quarante titres. Il est traducteur professionnel. Il a été professeur de traduction, révision et rédaction à l'Université d'Ottawa et à l'Université du Québec en Outaouais. Il enseigne la création littéraire à Ottawa et à Gatineau depuis douze ans.

La photographe : Vivian Tors

«Pourquoi existons-nous? En quoi nos perceptions modèlent-elles la conscience que nous avons de notre être? Telles sont les grandes questions qui m'habitent en permanence et conditionnent mon œuvre. Je suis particulièrement préoccupée par le paradoxe de la fragilité et de la ténacité qui, inséparablement, imprègnent nos vies d'êtres humains.»

V.T.

Artiste photographe, Vivian Tors habite Ottawa. C'est dans cette ville qu'elle a fait des études de photographie (Université d'Ottawa et Ottawa School of Art) et des études supérieures en histoire de l'art (Université Carleton). Elle expose régulièrement au Canada et à l'étranger.

ACKNOWLEDGEMENTS

Some of these poems were originally published in the books, *Shaking the Dreamland Tree* (Coteau), *The Litmus Body* (Quarry) and *Hand to Hand* (Polestar), the anthology *Quintet* (Buschek Books) and in various magazines, including *The Malahat Review*, *Arc*, *Room of One's Own* and, in translation, *Inédit nouveau* (Belgium).

I would like to thank Andrée Christensen for all her wonderful conversations about these poems, as well as the skill she and Jacques Flamand brought to their translations. Thanks as well to Vivian Tors for capturing the beauty of the Lusk Caves, Gatineau Park, Quebec, in her photographs taken on the morning of the summer solstice, 2003.

REMERCIEMENTS

Certains poèmes du recueil ont déjà été publiés, soit dans des livres – *Shaking the Dreamland Tree* (Coteau), *The Litmus Body* (Quarry) et *Hand to Hand* (Polestar) –, soit dans l'anthologie *Quintet* (Buschek Books) ou dans diverses revues, dont *The Malahat Review*, *Arc*, *Room of One's Own* et, en traduction, *Inédit nouveau* (Belgique).

Je remercie spécialement Andrée Christensen, de toutes les conversations si agréables que nous avons eues à propos des poèmes; merci à elle-même et à Jacques Flamand pour le soin et la compétence dont ils ont fait preuve dans la traduction du recueil. Merci également à Vivian Tors qui, dans ses photographies prises le matin du solstice d'été de 2003, a su saisir la beauté des Cavernes Lusk, dans le parc de la Gatineau, au Québec.

Author photograph / Photographie de l'auteure
© Vivian Tors, 2003

First Fire

At a certain age, all girls
nourish a small flame in their rooms,
a tongue of blue wavering like a reflection
in a mirror. Their hearts quicken
to the charged wick, crackling thread
of lightning still snipped short.

Your daughter only watches at first.
Fire has nothing to do with her.
Light that casts no heat. A flame
is just a far-off storm flashing diffuse
and blue over a distant town.

Someday she will live in that town
under the throbbing sky.
Wind will press her clothes
against her breasts, pushing her down
and every cell in her body
will ionize for him.

There will be roofs torn by wind,
fire running along overhead wires,
brief flashing explosions,
and fragments of milky glass
piercing the wrecked gardens.
But for now there is only this flame
cupped in stained votive glass
and her shadow cast huge,
quivering on the wall.

Ce feu qui dévore

À un certain âge, toutes les filles
nourrissent une petite flamme dans leur chambre,
langue bleue, reflet vacillant dans un miroir.
Leur cœur s'emballe devant la mèche courte,
déjà chargée, fil grésillant d'un éclair.

Votre fille se contente d'abord d'observer.
Le feu n'a rien à voir avec elle.
De la lumière sans chaleur. Une flamme,
simple orage éloigné, succession de lueurs bleutées
au-dessus d'une ville lointaine.

Un jour elle vivra dans cette ville
sous les pulsations du ciel.
Le vent plaquera ses vêtements
contre ses seins, la renversant,
et chaque cellule de son corps
s'ionisera pour lui.

Le vent arrachera des toits,
le feu courra le long des fils aériens,
de brèves explosions jetteront des étincelles,
et des éclats de verre laiteux
transperceront les jardins en fouillis.
Mais pour l'instant, il n'est que cette flamme
lovée dans le lampion de verre teinté,
et immense, son ombre tremblante
projetée sur le mur.

The day will come
when you tell her you don't want
her to burn candles in her room
and she'll walk right past you
as though she hasn't heard.
She will drift down basement stairs
silent as smoke.

As she goes, you will remember
how seductive struck sulphur can be,
its grit and sizzle, a heady whiff,
and how easy it can be
to fall asleep as candle flame
nudges the window,
a signal to any man passing below.
Soon enough there will be
a fiery thread lit between the legs.

For now she waits, as you once did,
silently. She's part of the secret
society of all girls who have ever lived
and felt that first flame drawing out
the wick in their hearts. Girls
warming hands over their futures,
poised rapt around small fires,
patient, as the nights thicken.

Le jour viendra
où vous lui interdirez
de brûler des chandelles dans sa chambre
et elle passera devant vous
comme si elle n'avait pas compris.
Dans l'escalier du sous-sol, elle disparaîtra,
en un silence de fumée.

La voyant aller, vous vous souviendrez
de la séduction du soufre gratté,
son grincement, son crépitement, un parfum capiteux,
et comme il est facile
de s'endormir à la lumière d'une chandelle,
sa flamme taquinant la fenêtre,
signal à tout homme passant dessous.
Assez tôt, un fil ardent s'allumera entre les jambes.

Pour le moment, elle attend
– ne le fîtes-vous pas vous-même –
en silence. Elle fait partie de la société
secrète de toutes les filles qui l'ont précédée
et senti cette première flamme étirant
la mèche dans leur cœur. Filles
réchauffant leurs mains au-dessus de leur avenir,
dans le ravissement, autour de petits feux,
patientes, pendant que s'épaissit l'encre des nuits.

Poetry

The opening of veins
is only half of it
who receives   receives

without a face
receives and rises
renewed

believe that dark words
spill onto a tragedy
and turn it around

believe that it moves
by some divine force
into the air

and onwards
into others' veins   just
when they need it most

when they've never been
so frightened
when their child's heart beats

in someone's gloved hands
there are no words in this
transfusion

La poésie

L'ouverture des veines
première moitié de l'opération

qui reçoit   reçoit
sans visage
reçoit et se lève
régénéré

croire que des mots sombres
se déversent sur une tragédie
puis en renversent le cours

croire en la même force divine
qui aspire le sang vers le haut

et l'achemine jusque dans les veines
les veines d'un autre
au moment où il en a le plus besoin

lorsque   la peur au ventre
on voit le cœur de son enfant battre
dans les mains gantées d'un étranger

aucune parole
dans cette transfusion

just pure generosity
passing from one unconscious
body to another

lifting us from our fainting
so that we press hands
to our temples   saying:

I don't know
what came over me,
but I'm all right now.

mais pure générosité
passant d'un corps inconscient
à un autre

nous tirant de notre défaillance
et alors   mains pressées
sur les tempes   ces mots :

Je ne sais pas ce qui a surgi en moi,
mais ça va maintenant.

Hesitation

On the edge of Clear Lake, your hand caught fire,
orange tipped with blue surged from wrist to fingertips.
The gas stove you were trying to light had gone out,
but your hand burned on, a shaken fist of flames
Afterwards you would say that you saw me hesitate
before I ran to you.   But I remember
pressing your burning hand between my breasts.
Then I clenched you hard around the back, risking
the immolation of my hair, kept long for your pleasure.

This might have been the moment that would change
everything: a hand flayed and useless, your touch
corrupted, the two of us caught in this light
that reveals the worst of us at last.
We do agree that we pushed our son aside.
How could he understand what is between us,
two backs bent low, turned away inside a ring of fire.

But only the fine curled hairs on your hand burned,
and once they were gone, the flames suddenly went out.
The stove lit then without incident, we ate lunch,
drank the thin tea we brewed to stave off the chill
as yellow trees reflected steady as lanterns in still water.
I reached out to pull you to your feet, forgetting the skin,
hairless, sensitized.   I saw you flinch when I touched your hand.

Hésitation

Au bord du lac Clair, ta main a pris feu,
de l'orange surmonté de bleu a jailli
du poignet à l'extrémité des doigts.
Éteint, le réchaud à gaz que tu essayais d'allumer,
mais ta main brûlait toujours,
tu agitais ton poing en flammes.
Plus tard, tu dirais : je t'ai vue hésiter avant d'accourir.
Pourtant, je me souviens, j'ai pressé ta main brûlante
entre mes seins, puis entourant ton dos, je t'ai serré très fort,
au risque d'immoler ma chevelure, gardée longue pour te plaire.

Cet incident aurait pu tout changer :
une main écorchée devenue inutile, ton toucher altéré,
nous deux pris dans cette lumière
enfin révélatrice de nos côtés noirs.
Un seul point d'accord : nous avons écarté notre fils.
Comment pouvait-il comprendre ce qu'il y a entre nous,
deux dos courbés à l'intérieur d'un cercle de feu.

Pourtant, seul le fin duvet bouclé de ta main a brûlé,
et une fois disparu, les flammes brusquement s'éteignirent.
Le réchaud rallumé sans incident, nous avons déjeuné,
bu le thé léger préparé pour chasser nos frissons.
Près de nous, des arbres jaunes,
lanternes aux paisibles reflets dans le calme de l'eau.
J'ai tendu la main pour te relever, oubliant ta peau,
glabre, sensible. En te touchant, je t'ai vu tressaillir.

Harmless

He tells her about learning explosives,
the depth of holes, the target thickness, on northern land
where they would do no harm,

planting charges beneath the spans of rusty bridges
or erecting, then destroying, hasty structures
where no one was ever meant to live.

He tells her how they set diamond charges with soap flakes
and a mushroom cloud bloomed in the air
glittering, prismatic in sunlight
and how they walked through this fallout,
a sweet fire-storm of petals.

She imagines her nerve endings stitched with sequins.
He seems to her now more saint than soldier
learning how to fight an innocent war,
where all the dead lay down, uncorrupted in their graves
and rise again smelling like roses.

He tells her it was only theoretical, the way they practiced
in living populated areas, choosing a bridge at dusk,
traffic moving in a molten stream,
lighting the way of the living home, and calculated
the cutting charges, the breaching pressure.
It was harmless, he tells her.

Inoffensif

Il lui parle de sa connaissance des explosifs
détonés loin au nord, où ils ne causeraient pas de dommage :
la profondeur des trous, l'épaisseur de la cible,
les charges placées sous les travées de ponts rouillés.

Il lui explique comment ils ont édifié, pour les faire sauter,
des constructions sommaires en rien destinées aux humains,
comment ils ont disposé des charges de diamant
additionnées de flocons de savon,
et lui décrit l'immense champignon qui s'est déployé dans le ciel
scintillant, prismatique au soleil ;
comment encore ils ont traversé cette douce tempête de feu,
sa pluie de pétales.

Elle imagine ses extrémités nerveuses suturées de paillettes.
Elle le voit maintenant plus en saint qu'en soldat,
apprenant à combattre une guerre innocente,
où tous les morts, indemnes de corruption,
sont étendus dans leurs tombes,
puis ressuscitent, répandant un parfum de rose.

Il lui dit que c'était pure théorie,
la manière de s'exercer dans les zones peuplées,
le choix d'un pont au crépuscule,
la circulation, coulée en fusion,
éclairant le chemin de la maison habitée,
le calcul des charges violentes, de la pression de rupture.
Inoffensif, lui dit-il.

And she feels the building they're in shudder
and she sees what he could destroy of her life,
like a flash along a det cord, she sees
the fine hairs on his forearms light up in the sun
falling through chilled glass in this fluorescent room
where neither of them casts a shadow.

He has her up late, walking through a night hot
as fallout, the flowers going musky,
petals blown from the concussion charge radiating out
from her hips. She could name the places she's touched him:
her hand to his left shoulder, her fingertip
trolling the cool surface of his palm,
but nothing surfaces.

Sometimes time collapses. She imagines
all the things she knows abandoned, her livingroom
a crumbling right angle of rubble, the street shot through
with the twisted weeds of another millennium.
The aftermath of peace or war, finally the same.

I was lucky, he says, I served in times of peace.

She wants to tell him in some other time,
their shadows would be spilled gasoline.
Her mouth is slippery with nitroglycerin, her heart
a reckless cord of knots. Unstable, she can't predict
how or when he will set her off.

Elle sent vibrer le bâtiment où ils se trouvent
et comprend ce qu'il pourrait détruire de sa vie.
Elle voit, comme un éclair,
le long du cordon d'un détonateur,
le fin duvet de ses avant-bras s'allumer au soleil,
traversant une vitre glacée dans cette pièce fluorescente,
où ni l'un ni l'autre ne jette une ombre.

Il l'a retenue longtemps. Elle marche maintenant dans la nuit
aussi chaude que des retombées, les fleurs musquent l'air,
les pétales projetés par la charge explosive
rayonnant de ses hanches. Elle pourrait nommer les endroits
où elle l'a touché : la main sur son épaule gauche,
le bout de son doigt raclant la fraîcheur de sa paume,
mais rien n'émerge.

Parfois le temps s'effondre. Elle s'imagine
dépossédée de son monde; dans l'effritement d'un angle droit,
les décombres du salon, la rue,
enchevêtrement de mauvaises herbes d'un autre millénaire.
Les suites de la paix ou de la guerre, quelle différence?

J'ai eu de la chance, dit-il, j'ai servi en temps de paix.

Elle veut lui dire qu'à une autre époque,
leurs ombres seraient déversement accidentel de pétrole.
Sa bouche est glissante de nitroglycérine, son cœur,
une corde de nœuds téméraire. Versatile, elle ne peut prédire
comment et quand il la fera exploser.

Ultrasonic Romance

Ultrasonic messages from a male's strong wings
bang against her upper thighs
and the chemical reaction
she shares with the grasshoppers
produces slime, readiness
of which the mind and heart have no inkling.

This remote sensing
of where another has passed
and how long ago, the only intelligence
the intelligence of slugs
twirling on a thread of mucus,
male sex organs protruding from heads.
To separate, one loses its head entirely
and the other pulls itself
up a stiffening rope to heaven,
nerve centre shriveling to a dead crust.

She moves towards love
as her species moves towards war,
recreating the sensitive technology of insects,
seeing in the dark infrared trails,
the silent invisible wings, and signals
so quick only glands respond.
No fear, no tenderness, and to love
like this means the certain death of insects
that some long for:
the act she cannot choose,
all she's willing to risk
for this brief exchange of blows.

Amours ultrasoniques

Transmis par les ailes puissantes d'un mâle,
des messages ultrasoniques
cognent le haut de cuisses femelles
et la réaction chimique de la femme et de la sauterelle,
viscosité que ni l'esprit ni le cœur ne soupçonnent.
L'instinct est prêt.

Cette détection à distance
du passage d'un autre, et du temps écoulé,
la seule intelligence, l'intelligence des limaces
se tortillant sur un fil de mucus,
organes mâles en saillie sur la tête.

Pour se séparer, l'une perd sa tête complètement
et l'autre se hisse
le long d'une corde durcissant jusqu'au paradis,
centre nerveux bientôt desséché,
croûte sans vie.

Elle marche à l'amour
comme son espèce marche vers la guerre,
qui recrée la technologie sensible de l'insecte
voyant dans les sombres traînées infrarouges
les invisibles ailes de silence, et les signaux
si rapides que seules les glandes réagissent.
Sans crainte ni affection, aimer ainsi
aboutit à la mort inévitable de l'insecte
tant attendue de certains :
l'acte qui la régit,
le risque qu'elle court
pour ce bref échange de coups.

Hand to Hand

He holds a man's hand in his own at night,
behind the field latrine, the one private place.

For some, escape is possible: they seep out of their heads
like blood, their eyes close,
thoughts vanish into the humid ground, through roots,
down to a red glowing core.
They swim towards it like nascent fish.

But for him there is only this wakefulness,
this endless ringing in his head

even though the guns
are now silent, standing in their metallic trance,
all the same, one after another.

He is not the same.

(His hands must remember what they have forgotten.)

That's why he hides the hand in a drab military sock,
why he's cleaned the hand with water in a tin cup,
dipping his finger into the shaky reflection of the moon
to clear the bad luck from the lines on its smooth
brown palm.

He thinks about the hand
when he leaves it behind for the day,
the memory of it thrilling.

À main nue

Serrée dans sa main, celle d'un autre homme,
la nuit, derrière les latrines de campagne,
seul lieu privé.

Pour certains, l'évasion est possible : on dirait du sang
qui suinte de leurs têtes ; leurs yeux se ferment,
les pensées s'évanouissent dans le sol humide,
entre les racines, comme des alevins
qui nagent vers un noyau rougeoyant.

Mais pour lui, rien d'autre que cet état de veille,
cet incessant tintement dans la tête

même si les fusils
sont maintenant silencieux, debout dans leur transe métallique,
tous les mêmes, l'un après l'autre.

Lui n'est pas le même.

   (*Ses mains doivent se souvenir de ce qu'elles ont oublié.*)

Voilà pourquoi il cache la main
dans une de ces ternes chaussettes de l'armée,
pourquoi il a lavé la main à l'eau
dans un gobelet de fer-blanc,
trempé son doigt dans le reflet tremblant
de la lune, pour éloigner le mauvais sort
des lignes de la lisse paume brune.

Il pense à la main
lorsqu'il la laisse derrière lui pour la journée ;
en lui, son image saisissante.

31

With his rifle to his shoulder, the world flattens
into a disk intersected by two thin black lines.
Through the sight of a rifle everything

is crucified.

But there are no holes in his flawless hand.
Even the severed arteries, the cut bone is clean,
already hollowing towards nothingness.
The skin, unbroken, gives him comfort.

Other men might have preferred a breast
but a breast in his hand would melt away
like childhood snow.

   (His hands must forget what they have learned.)

He's seen other men pull women from their huts,
women smeared with their own faeces.

He's seen a woman led back to camp on a rope, hosed down
and reclaimed from the mud.
Youngbloods taking turns planting the American flag.

His hand is clean. He did not take this from a man.

Son fusil à l'épaule, le monde
s'aplatit en un disque
traversé de deux étroites lignes noires.
Par l'œil d'un fusil, tout

est crucifié.

Mais aucun trou dans cette main parfaite.
Malgré les artères coupées, l'os sectionné est net,
il s'évide déjà vers le néant.
Intacte, la peau le réconforte.

D'autres hommes auraient préféré un sein,
mais un sein dans la main fondrait
comme neige d'enfance.

    (Ses mains doivent oublier ce qu'elles ont appris.)

Il a vu d'autres hommes tirer des femmes
de leurs cabanes,
femmes maculées de leurs propres excréments.

Il en a vu une ramenée au camp
au bout d'une corde,
arrosée d'un jet,
arrachée à la boue,
d'impatients étalons plantant
tout à tour
le drapeau états-unien.

Sa main est propre. Il n'a pas pris ça à un homme.

He pulled it directly out of the earth,
holding the earth down with his boot,
he pried and hacked with his Marine Corps knife.

A man, if a man at all,
forming hand-first from the void

and he pulled it towards him through the eye of the earth.
The smell was like garden soil,
a moist cool exhalation.

Innocent enough, simple as picking up a starfish,
its fingers in a limp splay.

So lucky the stars tossed it at his feet.

He'll carry it with him till it smells
like starfish do
when they're not yet ready to leave the sea

and when it does, he'll put the hand back where he found it.
Then, he'll let go.

Il l'a tirée directement de la terre,
sa chaussure pressant le sol
et l'a dégagée, charcutée au couteau des Marines.

Un homme, si on peut parler d'un homme,
main première, issue du vide,

il la tira vers lui
par l'œil de la terre.
Odeur d'un sol de jardin,
son exhalaison d'humide fraîcheur.

Geste candide, aussi simple
que de ramasser une étoile de mer,
doigts mollement évasés.

Heureux hasard, les étoiles l'ont jetée
à ses pieds.

Il la gardera sur lui jusqu'à ce qu'elle ait
l'odeur des étoiles de mer
quittant la mer avant l'heure,

et le moment venu, il remettra la main
là où il l'a trouvée.
Puis, il en fera le deuil.

Conscience

The sea has swallowed its fill.
It curdles, and coughs up on beaches
vials of infected blood, sodden gauze,
the lining of a human stomach.
Fetuses, in their element of death,
escape from the limbo their mothers
still need to believe in.
It sickens him how they reach shore
in the excrement of baby sharks.
Although he doesn't know it yet,
as he stands at his office window,
his stomach is turning.

The sun drops pale as a tablet
into the fizzing and foaming sea.
His stomach is pitted with acid,
hunches in his body like the shell
of the hospital he walks towards,
grey and eroded in rain crawling
down his face, perforating stone,
creeping up to rot the atmosphere.

Conscience

La mer a avalé son trop-plein.
Elle caille, et crache sur les plages
des ampoules de sang contaminé, de la gaze trempée,
les parois d'un estomac humain.
Des fœtus, dans leur élément de mort
s'échappent des limbes
auxquels leurs mères s'obstinent à croire.
Il a mal au cœur de savoir
qu'ils atteignent le rivage
dans les excréments de bébés requins.
Il ne le sait pas encore,
mais debout, à la fenêtre de son bureau,
son estomac, à l'envers.

Pâle comprimé,
le soleil tombe dans le pétillement
d'une mer mousseuse.
Troué par l'acide, son estomac
se recroqueville dans son corps,
comme la coquille de l'hôpital
où il se dirige,
gris et rongé par la pluie
qui glisse le long de son visage,
perforant la pierre
pour s'insinuer furtivement et pourrir l'atmosphère.

The sterile light of the hospital
purifies his pain. He rises
from his bed, feeling much better
now that the sea has taken on
his burden.
Flowers around his bed crumble;
birds of paradise collapse on slippery
stalks, roses brown like bad teeth
before petals loosen, drop to the floor.

All his possessions in cellophane,
carefully, he zips the bag shut,
back turned to the window
and the grey smudge above the buildings
that is all he knows of the Atlantic.

But his stomach is turning,
turning back towards land, riding in
on the surf in a swell of sea-sickness.
Suddenly, a wave of vertigo.
He lowers his sweating brow and waits
for it to pass, but his stomach
is turning, faster than the earth.

La lumière stérile de l'hôpital
purifie sa douleur. Il sort de son lit,
il va mieux, maintenant que la mer s'est chargée
de son fardeau.
Autour du lit, les fleurs se fanent,
des oiseaux du paradis s'affaissent
sur leurs tiges gluantes, les roses
brunes comme des dents cariées,
avant que les pétales se détachent, tombent au sol.

Tous ses biens dans un sac de cellophane,
dos à la fenêtre,
minutieusement, il en remonte la fermeture éclair.
et la grise traînée au-dessus des bâtiments,
c'est tout ce qu'il connaît de l'Atlantique.

Mais son estomac se retourne,
se tourne vers la terre, vogue
sur le ressac d'une houle de mal de mer.
Soudain, une vague de vertige.
Il incline son front en sueur,
attend que le malaise passe, mais son estomac tourne,
tourne plus vite que la terre.

And unto them was given power
Book of Revelation

We race to arms   filling our arms
as our kind races towards war

fearing that only roach mothers
may inherit our earth
scurrying to relieve their load of eggs
in destroyed foundations
gumming up tattered pages
of blasted libraries with their urges

or only the cool metallic
mother-love of the shark
glide   unbothered
in the torpid seas

there are these strong ones

we want to count ourselves
among them
young women living in the bush
within range of missile silos
pointed north,
hurling fire-wood into furnaces,
pacing alone with colicky babies

but the weak hurt us too much:
soft mouse children
ruined in our traps

Et il leur fut donné un pouvoir
Livre de l'Apocalypse

Course aux armements
course à la progéniture
pendant que notre race s'en va en guerre

dans la crainte que seules les mères cafards
puissent hériter de notre terre
impatientes de se décharger de leurs œufs pléthoriques
dans des fondations ravagées
elles encrassent de leurs déjections les pages en lambeaux
des bibliothèques en ruine

ou encore ceci :
seul l'amour maternel du requin
à la froideur métallique
glisse, imperturbable
dans les mers torpides

et aussi ces femmes aguerries

nous voulons nous chauffer du même bois
jeunes femmes de brousse
riveraines de silos à missiles
pointés vers le nord
nous lançons des bûches dans les poêles
faisons les cent pas
seules avec des bébés en proie à des coliques

mais la faiblesse nous fait trop mal,
enfants souris vulnérables
brisés dans nos pièges

sticky cathedrals of spiders
we tear from windows
hurt us
and the angels' voices
nag from within
what right have we
how long can we last

les collantes cathédrales d'araignées
dont nous avons débarrassé les fenêtres
nous blessent
et en nous les voix harcelantes des anges :
de quel droit agissons-nous
combien de temps pouvons-nous durer

La Petite Mort

Uncurling papery shrouds
the moths emerge   creeping slowly
along folds of sheets

their wings drag
leaving silver threads of dust
along our skins

so faint
they may be only tricks
the mind plays

but I move you over me
a drowsy hand sweeping your spine
a moth flies up

your unshaven cheek
brushes my neck   a moth
flies up

your hands catch in my hair
the moths fly up
then flutter   phosphorescent

before dissolving
into the blackness
above our bed

La petite mort

Linceuls parcheminés qui se déroulent
les papillons nocturnes émergent
se glissent furtivement
le long des plis du drap

ils traînent leurs ailes
laissant sur notre peau
des fils de poudre argentée

si discrets
qu'on les prendrait
pour de simples facéties
de l'esprit

mais je te fais planer au-dessus de moi
une main somnolente
frôlant ton dos
un papillon s'élance

ta joue rêche
effleure mon cou   un papillon
s'élance

tes mains   prisonnières de ma chevelure
les papillons s'élancent
puis volètent   phosphorescents

avant de se fondre
dans la noirceur
au-dessus du lit

when you lift   finally
slipping out of me   and tremble
pale   on your knees

this is my little death
not our shuddering communion
but this slackening

my body   relinquished   as you rise
lightened   and move towards
the dark heaven of sleep

quand tu te relèves
venu le moment de te retirer
tremblant
tout pâle   à genoux

c'est là ma petite mort
non le frémissement de notre communion
mais ce relâchement

l'abandon de mon corps à ton lever
allégé   tu retournes
au sombre paradis du sommeil

Wishbone

What do you wish for, soundlessly, fervently,
that you leave these levers of bone,
these hinges half-open on window sills, shelves, and once,
beside our bed hidden under freshly laundered sheets?

Half-open, an imminent shape,
a door opening out to a musky garden,
lush and fertile, radiant with dew.

What do you wish for in your own marrow,
insinuated in your blood, that you need these bones,
just calcium and phosphorous,
precious little star dust (although they cover the heart).

But the heart is long gone and this bird's luck
is certainly not what you have in mind.

*

Love: visceral, a rupture of skin,
hair and bone, worth the car hurling at 100 mph
skimming close to the guard rail, the drop into
darkness, into blazing fever, into conflagration, into
supernova, worth the pathogens streaming in the blood,
worth the abortionist's dilation and curettage,
worth heartache, worth betrayal, worth a furtive wish
over cracked bone.

Bréchet ou l'os du désir

Que désires-tu, en silence, avec ferveur,
pour laisser ces leviers d'os,
ces gonds à demi-ouverts sur le rebord des fenêtres,
sur des étagères, et un jour à côté de notre lit,
cachés sous des draps fraîchement lessivés?

Entrouverte, une forme imminente,
une porte découvrant un jardin de musc,
luxuriant et fertile, dans son éclat de rosée.

Que désires-tu dans ta propre moelle,
infiltré dans ton sang, pour avoir besoin de ces os,
simples calcium et phosphore,
banale poussière d'étoile (encore qu'ils recouvrent le cœur).

Mais le cœur a depuis longtemps disparu
et tu n'as certes pas à l'esprit la chance de cet oiseau.

*

L'amour : viscéral, une rupture de peau,
de poils et d'os, qui vaut bien la voiture
filant à cent soixante à l'heure, frôlant le garde-fou,
la plongée dans l'obscurité, en une fièvre incendiaire,
embrasement, une supernova, qui vaut bien
les agents pathogènes circulant dans le sang,
ou le curetage de l'avorteur,
ou la peine de cœur, ou la trahison, ou un vœu furtif
devant un os fêlé.

Then the simple love of safety: for safe passage
of those we love, an endless circle that sounds like
a trap or riddle, but isn't. What we wish for others –
happiness, serenity, we learn to wish for ourselves.

*

In the middle of our lives, not just bread we've broken,
but bone and claws, skin peeled away to reveal
the red pulsing capillaries of the plum, fingernails
raking the sooty vein along the shrimp's back.

We've husked meat from bone with our teeth,
without remorse, doomed this bird,
bred without instinct or flight
to serve the scaffolding of our own fragile bones.

*

But the hunger between us has softened,
my mouth marking the spot just above
the perfectly-named sacrum. How easily you slip
into my mouth, simple satiation.
Many years it has taken to mould femur to femur,
the imprint of you left in the soft silt of me,
so that by fossil record alone our lives would be known,
sternum to sternum, slightly keeled
for flight, but content to remain here in our bed,
the humerus, radius and ulna folding close over the heart
preparing for sleep.

Puis la simple recherche de sécurité : pour que sains et saufs
soient nos êtres chers, cercle sans fin,
piège ou énigme, ou ni l'un ni l'autre.
Ce que nous désirons pour autrui – bonheur, sérénité –,
nous apprenons à nous le souhaiter à nous-mêmes.

*

À mi-course de nos vies, nous n'avons pas simplement
rompu le pain, mais aussi l'os et les griffes,
la peau écartée pour mettre au jour
la palpitation écarlate des capillaires de la prune,
nos ongles fouillant la veine fuligineuse
du dos de la crevette.

Nos dents ont dépouillé l'os de sa viande,
sans remords, nous avons condamné cet oiseau,
élevé sans instinct, privé d'envol,
pour l'unique échafaudage de nos propres os fragiles.

*

Mais entre nous l'appétit s'est modéré
ma bouche marquant l'endroit juste au-dessus
du parfaitement nommé sacrum. Qu'il t'est facile de glisser
dans ma bouche, simple satiété.
Il en a fallu des années pour le moulage d'un fémur à l'autre,
l'empreinte de toi laissée dans le doux limon de moi,
seul vestige fossilifère pour parler de nos vies,
de sternum à sternum, légèrement caréné pour le vol.
Pourtant nous sommes heureux de rester ici dans notre lit,
l'humérus, le radius et le cubitus repliés sur le cœur
pour faire venir le sommeil.

*

What is there: bone drying out in the sun
filled with nothing but air.
What isn't there: discarded heart,
confused flesh wired for hot-blooded panic, but created
with only this end in mind.

What isn't there
is the essence of a wish.

*

You've never asked me to join you
in breaking the small bones I find all over the house,
finger to finger, pulling them asunder,
the hissing snap when one wins, one loses.

As far I know, they remain unbroken,
your wishes unexpressed, unanswered.
What do you wish for? I could demand to know,
seeing so clearly, as you must, the slender bones
fixed in that pose that reminds you
that the choice is yours to make.

Perhaps you desire most the bone to remain intact,
under feathers, over beating heart.
Perhaps there is no wish, only the possibility of wish,
and that's enough.

*

Présent ici : un os séchant au soleil
rempli simplement d'air.
Absent : un cœur au rebut,
une chair confuse programmée pour la panique à sang chaud
dans ce seul but.

Absent : l'essence d'un désir.

*

Tu ne m'as jamais demandé de me joindre à toi
pour casser les petits os que je trouve épars dans la maison,
doigt contre doigt, tirant pour les fractionner,
la cassure sifflante d'un gagnant ou d'un perdant.

Je m'en doute, ils restent intacts,
tes désirs inexprimés, sans réponse.
Que désires-tu? Je pourrais exiger de savoir,
voyant si clairement, comme toi,
l'écartement des os fluets
fixés dans cette pose qui te le rappelle :
le choix t'appartient.

Peut-être préfères-tu avant tout que l'os demeure intact,
sous les plumes, au-dessus d'un cœur qui bat.
Peut-être n'y a-t-il aucun souhait, hormis la possibilité de désirer,
ce qui te suffit.

Crayfish Courtship

Today the brides are posed along the river's banks,
three in all, where the willows catch the drifting wind
and hold it like a breath in lit green caves.
Here they could walk across water, stone to stone,
if they took off their satin shoes worn for one day only
and felt the current's tug warm as blood.

But for now, they are posed,
gloved hands placed on their new husbands' backs,
thighs eased forward so that a cloud of light
envelops his dark leg. *Hold, hold, look into his eyes,*
they are told by a man outside the frame.

Now one is posed, her dress held closed
by a slope of ivory seeds
under her husband's curved and hungry hands.
What will this gesture freeze?
The moment of fastening the last button
or unfastening the first, encasing or freeing her
from the lovely white bones of her gown.

I wait before passing by, a woman almost middle aged,
letting the focus narrow, the lens clear
for their perfect pose unmarred by the world.
I know the way rivers age, at first rushing straight,
then weakening as the banks give way
till the river bends back on itself, slowing down.

Nuptiales des écrevisses

Aujourd'hui, les promises, sur les berges,
trois en tout, là où les saules arrêtent le vent capricieux,
le retenant comme un souffle dans des grottes illuminées de vert.
Là, elles pourraient traverser à gué, de pierre en pierre,
si seulement elles enlevaient leurs souliers de satin,
chaussés pour une seule journée,
et répondaient à l'appel du courant aussi chaud que le sang.

Or, pour le moment, elles sont là,
mains gantées sur le dos de leur nouvel époux,
cuisses doucement avancées, une plage de lumière enveloppe
la jambe sombre du pantalon. *Attention, ne bougez plus,
regardez-le dans les yeux,* leur dit un photographe.

Maintenant, l'une d'elles pose, son dos,
pente couverte de semences d'ivoire
sous les mains courbées et avides de son mari.
Que figera cette posture?
Le moment d'attacher le dernier bouton
ou celui de défaire le premier, couvrant ou dégageant
son corps de la délicate blancheur de sa robe.

Femme presque d'âge mûr, j'attends avant de passer devant,
faisant la mise au point, l'objectif net, prêt
pour la pose parfaite, encore indemne des atteintes du monde.
Je sais comment vieillissent les rivières :
elles jaillissent d'abord droit devant,
puis perdent de la vigueur devant l'effritement des berges
jusqu'à ce que les eaux, de retour sur elles-mêmes,
ralentissent leur cours.

One spring, I came here in the evenings
with different neighbours, three sets of children
trolling the thick golden light with their voices,
and watched their illicit romance grow.

Here, in photographs, the river's depths seem to echo blue,
progressing predictably until gliding further downstream
over a wild edge of waterfall. But below this illusion
is a shallowness overblown with weeds,
as if the climate beneath rages with stagnant heat.

I saw her lean as he waded out from shore,
dusty explosions blooming from his toes.
Then she shrieked when furtive movements
revealed the river bed crawling with crayfish.

I saw her holding back, catching a lip
between her teeth when he lifted one twisting,
cold and grey around his thumb, turned back to shore
and placed it in her hand. Love bloomed then
silty as mud. Love scuttled its way into her heart,
and the battles the crayfish fought, their claws
snapping at twigs her children used to test and provoke,
were over. By then the crayfish had won.

Un printemps, je venais ici, le soir,
accompagnée de différents voisins, trois fratries,
leurs voix traversant l'intense lumière dorée,
et j'ai pu observer la montée d'amours illicites.

Ici, en photographie, le bleu de la rivière
donne l'impression de profondeur,
sa progression prévisible jusqu'à ce qu'en aval
elle glisse par-dessus les franges sauvages d'une cascade.
Pourtant, en dessous de cette illusion, un haut-fond
encombré de mauvaises herbes,
théâtre d'un déchaînement à la chaleur stagnante.

Je la vis se pencher tandis qu'il sortait de l'eau,
ses orteils soulevant des tourbillons de sable.
Puis, elle poussa un hurlement
devant la rivière frémissant légèrement
de grouillantes écrevisses.

Je la vis se retenir, se mordre la lèvre,
au moment où il prit une de ces bestioles,
qui se tortillait, froide et grise, autour de son pouce,
puis, retournant à la berge, la déposa dans sa main.
L'amour se mit à fleurir, aussi vaseux que la boue,
s'empara de son cœur.
Ainsi s'arrêta le combat des écrevisses, leurs pinces
cherchant à happer les brindilles provocantes de ses enfants.
La victoire revenait aux écrevisses.

This is the river the brides have chosen to hold,
hold these postures, look into their husbands' eyes.
Even twenty years past my own need to rein the river in
I feel the spasms in my wrists. The claws
I severed long ago curve in deep currents,
are still hungry, embattled, resisting and reaching.

A shell that protected me all these years, the veil
grafted translucent onto my skin, can be peeled away.
Cold and grey as silt is this dirty river's dubious food.
With a little heat, I would lie exposed,
still pink and sensitive as a wound.

Voilà la rivière où ces épouses avaient choisi de prendre
et garder ces postures, de plonger leur regard
dans celui de leur mari.
Même vingt ans après mon propre besoin
de dominer la rivière,
des spasmes parcourent mes poignets.
Les pinces, depuis longtemps coupées,
se courbent dans des courants profonds,
toujours avides, retranchées, opiniâtres et tendues.

La vieille coquille qui m'a longtemps protégée,
le voile translucide greffé sur ma peau
peuvent être enlevés.
Limon froid et gris, la nourriture douteuse
de cette rivière sale.
Un peu de chaleur et je serais étendue, vulnérable,
comme une blessure, encore rose et sensible.

Cave

You promised not to, as futile
as the woman you once read about
who declared, *I won't marry any man
on earth*. But the foot breaks through fern
and you tumble down without a trace.

Her stumble was seismic and so is yours.
This is the cave where she married,
finding a way to be true, at least, to herself
by shifting the geology of her promise.
The light above you could be her veil
glimmering high on the stone wall
like a cloud of floating water.

He seems to emerge from the stone,
volcanic profile, rudimentary hand and knee
fused by heat, more of him revealed
as the soft marble passage gives and gives
of itself, a sifting glitter in the underworld
stream flowing between your legs.

Echoes here answer what called you
into being. Water moves easily
through the emptiness it has created.
Just an indentation once, a furrow of runoff,
a bubbling cascade open to view.

Caverne

Vous aviez dit non avec la futilité de cette femme,
qui un jour, avez-vous lu, déclara : *Je n'épouserai
aucun homme sur cette terre.* Or le pied s'enfonce
dans les fougères et vous chutez sans laisser de trace.

Son faux pas, aussi sismique que le vôtre.
Voici la grotte où elle prononça ses vœux nuptiaux
trouvant une façon d'être fidèle, du moins à elle-même,
en changeant la géologie de sa promesse.
La lumière au-dessus de vous
miroite dans le haut du mur de pierre
comme un nuage d'eau suspendue,
elle pourrait être son voile.

On dirait que l'époux émerge de la pierre,
profil volcanique, main et genou rudimentaires
fondus par la chaleur. Plus le tendre passage de marbre
cède et s'abandonne, plus l'homme est révélé,
scintillement tamisé du flux souterrain
qui coule entre vos jambes.

Ici, les échos renvoient ce qui vous a appelé
à l'existence. L'eau avance sans heurt
à travers le vide qu'elle a créé.
Une simple trace d'abord, sillon d'infiltration,
puis cascade bouillonnante, exposée à notre vue.

Above, the clear chlorophyll light
teems with sugar, simple exchanges,
energy to sweetness. Your children call you
by that name you've forgotten already,
incredulous, with no understanding
of where you might be.

But the man you married knows,
even after twenty years he knows.
From above, he reaches a hand
through a keyhole of light
where the boulders hang in midair
like zeppelins holding their tense potential,
to explode or fall.

The ring on his finger remembers
its origins, flashes like a lure
promising to haul you up,
away from stone's damp exhalation
lifing the nerve-endings on your skin,
your nipples sensitive with cold.

But you lower your eyes,
aim your dim battery light, off balance.
The wan shaft, refracted by pooled water,
clings where you least expect it,
a radiant nest on an outcrop of rock.

Au-dessus, la claire lumière de chlorophylle
regorge de sucre, simples échanges
d'énergie à douceur. Vos enfants vous donnent ce nom
déjà effacé de votre mémoire,
incrédules, sans savoir où vous pouvez bien être.

Pourtant, l'homme que vous avez épousé le sait,
même après vingt années, il sait.
Du haut, il tend une main
à travers un trou de serrure lumineux
là, les blocs de rocher suspendus en l'air,
zeppelins gonflés de tension,
prêts à exploser ou à s'abîmer.

L'anneau à son doigt se souvient
de son origine, appât miroitant
qui promet de vous hisser à des sommets,
loin des moites effluves de la pierre,
hérissant les terminaisons nerveuses de votre peau,
vos mamelons dressés de froid.

Or, vous baissez les yeux,
dirigez la pâle lumière de la lampe, déséquilibrée.
Le puits blafard, réfléchi par l'accumulation des eaux,
s'accroche là où l'on s'y attend le moins,
nid éclatant sur un affleurement rocheux.

And there he is,
rock melting from around him,
narrow wrists visible now, mouth
and eyes surfacing, but not open.
He cannot sense you
yet. Your life as you know it
might end just wanting him
to emerge completely.

Et il est là,
le rocher fondant autour de lui;
on distingue maintenant la minceur des poignets,
la bouche et les yeux, toujours fermés.
Il ne peut pas vous sentir encore. Votre vie,
telle que vous la connaissez,
pourrait prendre fin, par votre simple désir
de le voir émerger complètement.

A Wolf Trails Every Woman

A wolf trails every woman
after she gives birth
he picks up her scent the first time
she pulls herself to her feet

and her bright blood
rushes through newly opened channels
this is the sad hemophilia
she will drag behind her from now on

occasionally   during labour
she hears the child's heart
tracked on its last mysterious wanderings
inside her   and suddenly the wolf

appears   the child's heart thumps
a startled deer
dashing out of range
and all she can do is listen

she delivers howls of rage
snarls challenge the wolf's dominance
for a moment she's stronger
than any other on earth

but the wolf paces himself
she is vulnerable now that she's
opened up
he could find her anywhere

Un loup piste chaque femme

Un loup piste chaque femme parturiente
capte son odeur
sitôt celle-ci debout

quand son sang au rouge éclatant
fuse par des voies maintenant ouvertes
triste hémophilie
qu'elle traînera désormais

parfois   durant le travail
elle entend le cœur de l'enfant
repéré dans le mystère de ses dernières errances
en son sein   et soudain le loup

apparaît   le cœur de l'enfant
bat à tout rompre
cerf effrayé
filant hors de portée
que peut-elle faire   sinon écouter?

elle pousse des hurlements de rage
ses grognements défient la domination du loup
un instant   c'est elle la plus forte du monde

mais le loup, lui, marche à pas mesurés,
maintenant ouverte
elle est si vulnérable
il pourrait la trouver n'importe où

protected by a circle of women
for her body emits
a high-pitched scream
only he can hear

the sweet scented baby is rocked
passed from arms to arms
she poises ready to snatch him back
and flee

in the heart of a city
she listens in her sleep
jumps at the revving of cars
the aimless barking of chained dogs

abrité par un cercle de femmes
puisque son corps émet
un cri aigu
audible de lui seul

le bébé au doux parfum est bercé
passé de bras en bras
elle se tient prête
à l'empoigner
et s'enfuir

au cœur de la ville
attentive dans son sommeil,
elle sursaute à l'emballement des moteurs,
à l'aboiement futile de chiens attachés

Legacy

dragging your feet through snow
so cold   your eyelashes
bead into icy flashes of blindness

you imagine your mother
waiting for your touch on the bell
her soft body yielding in your small arms

but where is her china face
cool to your fingertips
eyes staring forever ahead
with their irises like shattered glass

where is her chilly head today?

      it is lying under the stars
      filling up with snow
      the wind trapped behind her teeth
      sounds over and over   the same vowel

you wonder again   as you push
against the locked door
where could her head be today?

      it is lying in the root cellar
      at grandmother's farm
      and the pale tubers float up
      searching for soil they will never find

Legs

tu traînes les pieds dans la neige
si vif   le froid
que tes cils
se font diadèmes
aveuglements d'éclats glacés

tu imagines ta mère
attendant que tu appuies sur la sonnette
son corps moelleux offert à tes petits bras

mais où est son visage de porcelaine
frais sous tes doigts
ses yeux   aux iris de verre éclaté
toujours fixés au loin

où est aujourd'hui sa tête froide?

    elle gît sous les étoiles
    se remplit de neige
    le vent captif derrière ses dents
    les sons indéfiniment   la même voyelle

tu pousses sur la porte verrouillée
et te demandes encore
où peut-elle bien avoir la tête aujourd'hui?

    la voici étendue dans la cave à légumes
    à la ferme de grand-mère
    là où les pâles tubercules
    envoient leurs pousses sinueuses
    chercher la terre qu'elles ne trouveront jamais

71

(actually she is lying intact on her bed
scribbling as fast as she can:

>   *notes* – a woman in danger of the simplest things.

>   – she reaches out to touch cut flowers,
>   they spit blue sparks at her palm.

>   – she knocks over a glass of water,
>   and it bursts into flames

>   – *don't lose this thought.*

as the bell rings once more.)

you bend to push open the letter slot
with your thick mitten,
calling *Mom   Mom*
like a mournful vengeful wind

closer   your blind mouth reaches
then with just a brush
your lips bond with icy metal
and you tear away without a moment's thought

now your cry is a wail
and she rushes to you
blots the crimson streaming down
your throat   but it will not clot

you need to tell her how much it hurts
but she presses a cloth over your mouth
shh   she warns you   *don't say anything*
or it will never stop.

(en réalité, elle est allongée sur son lit, intacte
griffonnant le plus vite possible :

notes – une femme en danger des choses les plus simples.

    – elle s'étire pour toucher des fleurs coupées,
      qui crachent des étincelles bleues sur sa paume.

    – elle renverse un verre d'eau,
      il s'embrase
    – *ne pas perdre cette pensée.*

puis un autre coup de sonnette.)

tu te penches pour pousser sur l'ouverture à lettres
avec ta mitaine épaisse
appelant *Maman   maman !*
sur un ton de vent triste et vengeur

ta bouche aveugle s'approche plus près encore
puis, d'un effleurement,
tes lèvres se collent au métal glacé
et sans réfléchir   tu les détaches

maintenant ton cri se fait gémissement
elle accourt vers toi
éponge le ruissellement cramoisi
qui gagne ta gorge
et refuse de se coaguler

tu sens le besoin de lui dire que tu as très mal
mais elle presse un chiffon sur ta bouche
chut!   t'avertit-elle   *pas un mot*
sinon ça ne s'arrêtera jamais.

73

Balance

My children once remembered the worlds
before their births.
My daughter at three
described golden light,
said she reached up with her hand
and touched my heart.
It felt furry, she claimed,
before she was delivered during sleep
through an incision
and awoke, delighted by how her arms
floated above her like kites.

My son at three
pondered impossible mysteries.
Demanded to know why blood flowed from me
month after month.
Told me about the wild horses inside me.
Perhaps remembering the forceps
that tore my tissue and his delicate cheek,
the rough ride of both our hearts
before he arrived bruised, eye swollen,
and I fell into shock, dragged behind
this rough masculine birth.

But I remember the worlds before their births
as a small fragment
of what stretched beyond me.
My daughter dreaming her golden dreams

Équilibre

Un jour,
mes enfants se sont souvenus des mondes
d'avant leur naissance. À trois ans,
ma fille dépeignit une lumière dorée;
avant sa naissance en plein sommeil,
par incision, sa main a touché mon cœur.
On aurait dit de la fourrure, s'est-elle exclamée.
Elle s'était réveillée, ravie
de voir flotter ses bras,
cerfs-volants au-dessus d'elle.

À trois ans,
mon fils réfléchissait à d'impossibles mystères.
Il voulait savoir pourquoi du sang
s'écoulait de mon corps,
mois après mois.
Il y avait des chevaux sauvages
au-dedans de toi, me dit-il;
peut-être qu'il se souvenait du forceps
qui déchira mes tissus et sa joue délicate,
la fougueuse chevauchée de nos deux cœurs
avant sa venue, lui meurtri, œil enflé,
et moi, saisie de stupeur, entraînée derrière
cette naissance masculine, sans ménagement.

Pourtant, je me souviens des mondes d'avant leur naissance,
petit fragment de ce qui s'étendait au delà de moi.
Ma fille rêvait en mon sein,
habitée de ses rêves dorés.

inside me as winter cracked the trailer
on that northern reserve,
the windows iced over like cataracts,
and an angry stranger with a rifle
that stank like burnt matches
pounded at our door
in the middle of the night
as I covered my belly with my ineffectual
hands.

And I remember the May day
when the buds were stretching to open,
my hands running over my belly
tightening like earth tremors perfectly timed.
Everything was falling into place.
My son poised under my hands
on the last day
I would ever feel a baby inside,
and me savouring one thought only:
Don't ever forget
the perfect balance of this moment.

Au même moment, dans cette réserve nordique,
l'hiver faisait grincer la caravane,
aux fenêtres voilées de cataractes de glace.
Un étranger en colère, armé d'un fusil,
empestant les allumettes brûlées,
martelait notre porte au milieu de la nuit,
et moi, je cherchais une protection illusoire,
les mains sur mon ventre.

Je me souviens du jour de mai
où les bourgeons s'étiraient, près de l'éclatement,
mes doigts couraient sur ma rondeur,
tremblements de terre parfaitement réglés.
Tout tombait en place.
Sous mes mains, mon fils prêt à naître,
ce dernier jour où je sentirais un enfant en moi,
et savourant cette seule pensée :
N'oublie jamais
le parfait équilibre de cet instant.

Blue

The wailing goes on
for three days and nights
lights   never dim
confuse her
she wonders if she has been delivered
back in time to the birth
sixteen years ago

but her child is already here
swaddled in her coffin
and blue as the morning she was born
dusky   breathless   still
insular as the small blue stone she was
when they swirled around her
urging her to breathe

before the slap on the feet
and the red surge of her voice
dimmed the pain
before the cord between them
vanished

she is again blue
another kind of breath taken
and let go
she eased down in a car
drifting on a road
it rests on a platform with wheels
cold cradle rolling away

Bleue

Trois jours   trois nuits
le gémissement s'étire
toujours allumées   les lumières embrouillent son esprit
serait-elle à l'accouchement
d'il y a seize ans?

mais son enfant est déjà là
emmaillotée dans son cercueil
bleue comme le matin de sa venue au monde
teint sombre   sans souffle   immobile
un îlot   petite pierre bleue
au milieu d'un tourbillon de mains affairées
la pressant de respirer

avant que la tape sur les pieds
et le déferlement rouge de sa voix
n'aient atténué la douleur
avant que le cordon qui les relie
n'ait disparu

elle est encore bleue
autre manière d'inspirer
et d'expirer
son effondrement dans une auto
à la dérive sur la route
simple plate-forme sur roues
froid berceau roulant vers le lointain

a cry fractures her
grandmothers in purple kerchiefs attend her
mop her brow   hold strong onto her hands
she is the one bearing it
she in the one
bearing down   again

un cri fracture la parturiente
des grands-mères couvertes d'un fichu mauve l'assistent
essuient son front   tiennent serrées ses mains
c'est elle qui porte   et supporte
à elle encore
le travail

The Fantasies of Mothers

Fantasies of violence
arise from mothering you

there is a bear
on every bush trail
the scent of oily fur
before I plunge a knife
into the raw steak of his heart

or I curve over you
and claws slash
red powerlines on my back

then there's the burglar

I throw the iron over the railing
at exactly the right time

I never let him get away

he's tied to a post on the porch
in midwinter without a coat

later   I will give you
the legacy of your childhood

Chimères maternelles

Te materner fait naître en moi
des envies de violence

sur chaque piste sauvage
un ours
l'odeur de la fourrure huileuse,
avant que j'enfonce un couteau
dans la viande crue de son cœur

ou que je me penche au-dessus de toi
et que des griffes balafrent mon dos
rougi de lignes de haute tension

puis   le cambrioleur

je jette le fer à repasser par dessus la balustrade
au moment parfait

je ne le laisse jamais s'enfuir

il est attaché à un pilier de la véranda
en plein hiver sans manteau

plus tard   je te remettrai
l'héritage de ton enfance

a foot-first attempt to be born
dangerous animals and people
you flawlessly survive

me   marked
a four inch scar on my belly

and dream of suckling
no matter what your age
the sting of milk

once awakened
that bluish ghost
lives within me

can at any time
be summoned by you

ta tentative de naissance   pieds en premier
le danger des animaux et des humains
auquel tu survis avec une étonnante aisance

sur mon ventre
tu as laissé une cicatrice de quatre pouces

et ces rêves d'allaitement
quel que soit ton âge
l'aiguillonnement du lait

une fois éveillé
ce spectre bleuâtre
vit en moi

à tout instant
tu as le pouvoir
de le convoquer

Mummy

It's an old journey, fallen out of favour,
but still you undertake it, embark, wrapped in rough layers,
as the sap rises from the underworld.

Twenty years now since you were transformed:
one heart, then two hearts, the new one beating twice the speed
of the old heart, frantic for life, pushing the great tap root

down into a pool of primordial pain, and you become one heart
again, wandering empty through the hospital corridors
at 4 am, haunted by this strange calculus.

Loss, a scarab pressing your chest as you watch her pack
for the coast. You see your grandmother's hands
folding away the fine weave of cotton, wool knitted together

as the cells in her body go on replicating their intricate patterns.
She turns away and you see the line of your mother's cheek,
the straightness of your husband's spine.

The sap rises in you, tears this time, as you let her go ahead
to testify in the world you won't be part of finally.
You are alone. Though still the shape of a woman,

Momie

C'est un voyage ancien, tombé en désuétude,
pourtant on l'entreprend toujours, on se lance
enveloppé de rugueuses épaisseurs,
tandis que de l'hadès monte la sève.

Déjà vingt ans depuis la transformation :
un cœur, puis deux,
le nouveau au vouloir-vivre frénétique
battant deux fois plus vite que l'ancien,
enfonçant la grande racine pivotante

dans une mare de douleur primordiale,
et redevenu un cœur unique, errant,
vide, dans les couloirs d'un hôpital
à quatre heures du matin, hanté par cet étrange calcul.

Perte : un scarabée presse sur la poitrine,
lorsqu'on regarde sa grand-mère
faire ses valises pour la côte,
ses mains pliant le fin tissage de coton et de laine

aux motifs aussi complexes que les cellules de son corps,
indéfiniment reproduites.
Elle se tourne et on discerne le profil de la joue maternelle,
le dos droit de l'époux.

La sève monte, des larmes cette fois-ci,
pendant qu'on laisse aller l'aïeule
témoigner dans un monde
dont finalement on ne sera pas.
On est seul. Reste pourtant la forme d'une femme,

like one of those fake mummys, their purpose forgotten,
shaped from rich Nile mud, wrapped in linen, and tied at throat,
waist, knee and foot, the contours of the human body.

The x-ray reveals the mummy is empty. The soil, once so fertile,
teeming with small crustaceans and microscopic protozoa
that fused into her strong heartbeat, held in this dry pause.

But bring it to the river's edge, untie knots held tight for millennia,
and the illusion of an individual body dissolves. You can
give yourself over to growth again, simply by letting go.

comme celle des fausses momies, leur but oublié,
façonnées de la riche boue du Nil, enveloppées
de lin, puis ficelées à la gorge,
à la taille, aux genoux et aux pieds,
contours du corps humain.

À la radiographie, la momie est vide. Le sol, jadis si fertile,
grouillant de petits crustacés et de microscopiques protozoaires
infiltrés dans son vigoureux rythme cardiaque,
s'est figé en cette pause sèche.

Pourtant, il suffit de la transporter au bord de la rivière,
de dénouer les nœuds serrés depuis des millénaires
pour que l'illusion d'un corps individuel se dissolve.
Ne peut-on pas revenir à la vie, simplement
en laissant aller?

Elemental

Each morning this winter
I wake to white salt trails
of tears

as though my dreams
are slugs
that crawl across my face
as I sleep
leaving behind this residue
of fading images
this clinging sadness

an element
that seeped up from the earth
still swirls around my ankles

my children's voices in the morning
are far off
I wade to their beds
my feet dragging subterranean
as they float ever higher
iridescent bubbles disappearing
into the blue firmament
of school

the house closes around me
that elemental rushing
in the walls
taps dripping water
that flows under streets
to be purified again

Élément

Chaque matin   cet hiver
je me réveille
mes larmes   traînées blanches de sel

limaces   mes rêves
rampent sur mon visage endormi
résidu d'images estompées
tristesse qui colle au corps

suintement de la terre
un élément
tourbillonne encore autour de mes chevilles
au loin
les voix matinales de mes enfants

j'avance péniblement vers leurs lits
mes pieds traînant des pas souterrains
leurs voix flottent toujours plus haut
bulles irisées qui disparaissent
dans le firmament bleu
de l'école

la maison se referme autour de moi
ce jaillissement premier
dans les murs
les robinets gouttent l'eau
qui coule sous les rues
pour être à nouveau purifiée

and waking
bleaches all memory away
tears recede to salt
sprinkled on creatures
mostly water   mostly phantom
of underleaf and stone

voilà que le réveil
efface tout souvenir
les larmes ne sont plus que sel
répandu sur des créatures
mi-eau   mi-fantôme
d'un monde sous feuilles et pierres

Lunar Eclipse Over the Mer Bleue Bog

In the beginning there is the shape
of a breast   dusky   blood-red
pulsing with warmth in a sky
flat and deceptive as black ice

we're edgy with cold
hug ourselves and don't look down
to tiny orchids and jack-in-the-pulpits
freeze-dried into grizzled shells

the dead have withdrawn
their bones   fur and fibre
plush surge of centuries
peat that held us up
soft as a lap we kneaded with our feet
is harsh

and lunar

but the moon
swung far out over the bog is flesh now
dropping heavy with its low nipple of light
swelling full

we open our mouths   chins tilted up
and light
runs down our throats
how long we've waited for this!

Éclipse lunaire sur la tourbière de la Mer bleue

Au commencement   sombre rouge sang
la forme d'un sein

sa chaleur fait palpiter un ciel
aussi uni et trompeur que la glace noire

nous sommes crispés de froid
bras serrés autour du corps   le regard ignorant
les minuscules orchidées et les petits-prêcheurs
lyophilisés en de grisonnantes coquilles

les morts se sont retirés
leurs os   fourrure et fibres
montée pelucheuse d'une tourbe séculaire
qui nous portait sur ses cuisses moelleuses
pétries par nos pieds

elle est rêche   ce soir
et lunaire
cette tourbe

mais la lune
maintenant loin au-dessus de la tourbière
s'est faite chair
alourdie   elle pend   son mamelon de lumière
jusqu'à l'engorgement

nous ouvrons la bouche   menton incliné
et la clarté coule dans nos gorges
que nous avons attendu cet instant!

light eases up to the rim
an irresistible flood
lifting Canada geese shouting
from the dark channel
of open water beyond the rushes

lifting these shadows   floating up
from our feet
from the trunks of trees ringing the bog
and every blade
of ambitious life lost over winter

we walk in moonlight again   above us a cup
almost full
a blazing shell open and yielding
our shadows
move and merge and part like a school of fish

netted by these flickerings   held here
by tough filaments of shadow   but light
slips through

satiated   our faces are milky with it.

la lumière atteint le bord
irrésistible inondation
elle lève les outardes
clameur échappée des eaux libres
du sombre chenal au delà des joncs

elle fait monter ces ombres
depuis nos pieds
depuis le tronc des arbres entourant la tourbière
et tout brin de vie ambitieuse perdue durant l'hiver

nous marchons encore au clair de lune
au-dessus de nous   une coupe
presque pleine
coquille embrasée   ouverte et généreuse
nos ombres bougent   se fondent   se divisent
comme un banc de poissons

pris aux filets de ces clignotements lumineux   retenus ici
par de tenaces mailles d'ombre
pourtant la lumière réussit à s'échapper

comblés
nos visages   enlaités de clarté.

Marriage at Midlife

We are surprised to find ourselves here
where the arctic flowers bloom tough and quick.
Light bends the horizon until we seem to be

in a scarred glacial bowl that spawned endless rock
long before we met. Beyond these stones
are the ones we cannot see, not yet.

The rain forests are behind us now,
voluptuous nights full of insect wings,
bird calls of our children before dawn,

my milk soaked into the dark loam beneath us.
Your touch or their need drew from me
the one response my body knew –

to flood the world with sweet white rain
and try to cool the sun before it dropped
exhausted into another tropical night.

Light changes more slowly here. We live
in darkness for months. Cold bends us closed
when we sleep, two spines curved away,

fossils bared but unchanged by cutting wind.
Then light reaches to the core, steady
and patient, letting us discover in time

the vivid intricacy of lichens, resilience
of moss springy beneath our feet, these small cups
of flowers brimming with radiance.

Mariage à la quarantaine

Nous sommes surpris de nous trouver ici
où la flore arctique fleurit   rapide et vigoureuse.
La lumière courbe l'horizon   et voilà qu'il nous semble être

dans une cuvette glaciaire escarpée;
bien avant notre rencontre, elle couvait
son infinie progéniture minérale. Au delà de ces pierres,
celles que nous ne pouvons voir, pas encore.

Les forêts pluviales sont maintenant derrière nous,
nuits voluptueuses remplies d'ailes d'insectes,
des cris d'oiseaux lancés par nos enfants avant l'aube,

mon lait absorbé dans le noir terreau au-dessous de nous.
Ton toucher ou leurs demandes ont suscité
la seule réponse que mon corps connaissait :

inonder le monde d'une douce pluie blanche,
essayer de rafraîchir le soleil épuisé
avant sa chute dans une autre nuit tropicale.

Les changements de lumière sont plus lents ici.
Pendant des mois, l'obscurité. Le froid nous recroqueville
dans le sommeil, deux dos incurvés chacun de son côté,

fossiles à nu, mais impassibles sous la morsure du vent.
Puis, soutenue et patiente, la lumière atteint le cœur,
avec le temps, nous laisse découvrir

le vivant enchevêtrement de lichens, la souplesse
et le moelleux de la mousse sous nos pieds,
ces petites corolles florales débordant d'éclat.

Like a lost explorer bound in ice you send to me
arctic foxes with messages affixed to their collars,
quick dazzling feet corkscrewing across tundra.

In return, I launch weather balloons to carry
and then drop letters for you to find
by chance. We light fuses,

throw joyous rocket signals into the sky
and find one another again after a long absence.
But if it can't be this way,

if misfortune separates us too completely,
I would want you to do anything you must
to survive.

This is what we've come to finally.
One flesh. My hand is yours to take,
or my foot, the sleek strength of my calf,

my ribs' parenthesis of protein,
the bowl of my hips. The beautiful
and the unbeautiful — gristle, cartilage,

clouds of lipids, or the heart, densest muscle
of all, which could sustain you,
even without me.

Explorateur perdu, prisonnier des glaces, tu m'envoies
des renards arctiques au collier messager,
leurs pattes rapides   éblouissant sillonnement
à travers la toundra.

En retour, je lâche des ballons météorologiques, porteurs de lettres
qu'ils laissent tomber, et au hasard de te les découvrir.
Nous allumons des fusées,

lançons de joyeux signaux propulsés dans le ciel, et
nous nous retrouvons après une longue absence.
Mais s'il n'en était pas ainsi,

si la malchance nous séparait complètement,
fais tout ce que tu dois
pour survivre.

Voilà où nous en sommes.
Une seule chair. Ma main t'appartient, prends-la,
prends mon pied, la douce vigueur de mon mollet,

la parenthèse protéique de mes côtes,
la coupe de mes hanches. Le beau
et le moins beau – nerf, cartilage,

nuages de lipides, ou le cœur, le muscle le plus dense
de tous, qui pourrait te soutenir
même sans moi.

All the Way Home Tonight

All the way home I take wrong turns
as though the city is reflected in a mirror.

The pull of you, usually so strong,
keeps drifting out of range.

Here is the road opening out to night field
instead of the lit stretch from gas station to suburb

drawing me back to our older neighbourhood
where you sit up late, the dog at your feet,

a little uneasy until I return, waiting patiently
as you have for more than twenty years together.

But a wild shape shoots across the dark road.
I pursue instinctively, nerves shimmering,

turning even further away from the trees
breathing their sleepy exchange through our window.

An accidental tangent, amounting to little more
than a story I'll tell you in the morning.

No matter how far I range, I find my way back
to you, like the dog running in her sleep.

Ce soir, le chemin du retour

Sur tout le chemin du retour, je prends de mauvais virages,
comme si la ville se reflétait dans un miroir.

L'attraction de toi, d'habitude si forte,
dérive hors de portée.

Ici, la route s'ouvre non sur la section éclairée
de la station-service à la banlieue,
mais sur un espace nocturne

qui me fait revenir vers notre ancien quartier
où tu veilles tard, le chien à tes pieds,

un peu inquiet jusqu'à mon retour, attendant patiemment
comme tu l'as fait au cours des vingt ans de notre vie commune.

Or, une forme sauvage surgit en travers de la route sombre.
Je continue, par instinct, nerfs tressautant,

m'éloigne plus encore des arbres
respirant leur échange somnolent par notre fenêtre.

Un à-côté accidentel, guère plus
qu'une histoire à te raconter le lendemain matin.

Peu importe la distance franchie,
je retrouve mon chemin vers toi, comme la chienne
courant dans son sommeil.

Her night paw pulsing against your ankle
doesn't trouble you. You are used to it by now,

my inner roaming, the small bloody quarry
I bring back home between my teeth.

Sa patte nocturne qui palpite contre ta cheville
ne te trouble pas. Tu as maintenant l'habitude

de mon errance intérieure, de la petite proie sanglante
ramenée à la maison entre mes dents.

Second Hand Gift

It arrived after Christmas, given for the frame only,
this tawny print from a chain of hotels changing décor.
Dry sandy hills reflected in a lake, or is it all only sand,
a mirage, just like shelter rented along the highway,
then forgotten. The frame is lovely, it's true,
a burnished gold the exact colour of my wedding ring
and could contain whatever I choose
to preserve. But I'll put it over our bed intact.
We will sleep beneath this sealed image that drifted
above the heads of travellers. Already so many have gazed
on these arid hills: channel surfers with tired eyes,
wounded women starting over. Peaceful or not,
let it remind us that everything is second hand,
our home only a temporary home, love something we make
the best of, like afternoon lovers who once lay beneath these hills
and saw only each other. I'll hang this over our bed,
and let illicit energy flow down over you and me.
The dry sand shifts, a spring
unfolds, a lush lifting of water from the land,
taking brief ecstatic sips of you between dust and dust.

Cadeau d'occasion

Elle est arrivée après Noël, offerte uniquement pour son cadre,
cette estampe fauve, rebut d'une chaîne hôtelière
renouvelant sa décoration intérieure.
Des collines de sable sec se mirent dans un lac,
ou tout n'est-il que sable, mirage, comme un gîte
loué le long de la grand-route, puis oublié.
La moulure est jolie, il est vrai,
un or patiné, exactement la couleur de mon anneau nuptial,
cadre parfait pour recevoir tout ce que j'aimerais préserver.
Mais non, je placerai l'estampe, telle quelle, à la tête de notre lit.
Nous dormirons sous cette image scellée qui dériva
au-dessus de la tête des voyageurs. Ils sont déjà très nombreux
à s'être attardés sur ces collines arides,
surfeurs de canaux, aux yeux cernés, ou femmes blessées
se reprenant en main. Paisible ou pas,
laissons-la nous rappeler que tout est de seconde main,
notre maison, simple foyer temporaire, l'amour, quelque chose
dont nous tirons le meilleur,
à l'image de ces amants d'un après-midi
qui jadis s'allongèrent sous ces collines,
n'ayant d'yeux que l'un pour l'autre.
Je la suspendrai au-dessus de notre lit,
et laisserai une énergie illicite couler sur toi et moi.
Le sable sec avance, une source se découvre,
puissant soulèvement de l'eau depuis la terre,
qui prend de toi de brèves gorgées d'extase
entre poussière et poussière.

Here the Beds Are Bare

Here the beds are bare,
coverless as unsewn books, and the couples come
to stand before their futures.

Some long to drift out on a raft over dreamless water.
Some wish to lie down together, twin horizons
with a thin line of gleaming red between them,
and skin to skin, send up a spray of stars.

But first there is the frame to consider.
Primly they stand before the antique sleigh bed,
imagining the slide down the same slopes
where their grandparents wait,
pale columns of light at the bottom of time.
Or will they sleep in an ancient bower
of roses and vine-leaves
pulled out of molten metal, now fixed
as this lovely gold or silver cage at head and foot.

All over this large lit room
couples lie down together:
shyly, quietly, entering from separate sides
turning back to back, synchronized like shadows,
measuring how little they will disturb;
unhappily, regretfully, eyes fixed
on the soundproof ceiling and its chilled
fields of light where nothing can grow;
playfully, audaciously, falling together
and sparkling like spilled wine into the rosy bowl
at the center of this bed.

Ici les lits sont vides

Ici, les lits sont vides, nus,
sans couverture, comme des livres non cousus.
Les couples se présentent
et se mettent en face de leur avenir.

Certains aspirent à dériver en radeau sur des eaux sans rêves,
d'autres souhaitent s'allonger ensemble, horizons jumeaux,
une fine ligne de rouge brillant   entre les deux,
puis, peau contre peau, ils lancent une nuée d'étoiles.

Il faut d'abord penser au montant du meuble.
Guindés, ils se tiennent devant l'antique lit-traîneau,
imaginant la glissade sur les mêmes pentes
où attendent leurs grands-parents,
pâles colonnes de lumière au fonds des temps.
Ou encore, ils dormiront sous un ancien baldaquin
de roses et de feuilles de vigne,
façonnées de métal fondu, maintenant figées
comme cette jolie cage d'or ou d'argent, à la tête et au pied.

Dans cette vaste salle illuminée
des couples s'allongent :
timidement, tranquillement, s'installent
lui d'un côté, elle de l'autre,
dos contre dos, ombres synchronisées,
cherchant comment déranger le moins possible ;
certains, l'air malheureux, à regret, regard fixé
sur le plafond insonorisé
et ses champs de lumière glacés où rien ne peut pousser ;
espiègles et audacieux, en voici d'autres qui se laissent tomber
ensemble, au centre de ce lit,
pétillants comme du vin versé dans une coupe rosée.

You and I lie down too, on this bed and that,
turning towards and away from each other,
ready to choose again.

Not even the voyeuristic eye
of the salesman standing over us
can stop me from stretching my arms above my head,
curving my length along your side
to test whether coils and space and filler
can give enough to make this a nest for us,
and the way you run your hand along my face,
even here where everything can be bought and sold
tells me this is the one for us,
to be made and unmade and made by both of us.

This is the bed we will choose again.

Toi et moi sommes aussi allongés sur ce lit et,
tantôt de face, tantôt de dos, prêts à choisir à nouveau.
Même l'œil voyeur du vendeur, debout tout près de nous,
ne peut m'empêcher d'étendre les bras au-dessus de ma tête,
de courber mon corps entier contre toi
pour voir si les ressorts, l'espace et la mousse
sont assez souples pour en faire notre nid,
et même ici, où tout se vend et s'achète,
ta façon de laisser courir ta main le long de mon visage
me dit que c'est ce lit qu'il nous faut;
il sera fait, défait et refait par chacun de nous.

Tel le lit que nous choisirons encore.

Afterwards

You hold a wine glass
between two hands that still smell of sex.
You lift it to your lips
and out of the pooling red
rises a grey knot, a small spider
trembling the ruby surface of the wine.
You lower your finger to its pulse
and it clings to you
like static, that reminder
always there in the pelvic bowl of blood
of how appetite can suddenly end.
The wine is ruined for you now.

But no, I want this glass
still blurred with your mouth,
the small lines as unique as fingerprints.
I want us to learn to bend
with dark stained lips and leave our mark
on one another. The taste of you
full-bodied in my mouth, made richer
by this little twist of death
crawling under my tongue.

L'après

Tu tiens un verre de vin,
tes deux mains encore imprégnées de sexe.
Tu le portes à tes lèvres
et de ce rougeoiement liquide
un nœud gris émerge, une petite araignée
qui fait frémir le vermeil du vin.
Tu abaisses ton doigt jusqu'à son pouls,
aimantée, elle se cramponne à toi,
rappel toujours présent,
dans la coupe pelvienne de sang,
d'une perte soudaine d'appétit.
Pour toi maintenant, le vin a perdu son goût.

Non pourtant, je veux ce verre
encore incrusté de ta bouche,
les petites lignes aussi uniques que des empreintes digitales.
Je voudrais que nous apprenions à nous incliner,
les lèvres tachées de sombre, et à laisser notre marque
l'un sur l'autre. Corsé, le goût de toi dans ma bouche,
rehaussé de ce petit arrière-goût de la mort
se faufilant sous ma langue.

TABLE OF CONTENTS

TABLE DES MATIÈRES

COLLECTION

TRANSVOIX

1. Christopher Levenson. *Belvédère. Poèmes choisis / Selected Poems.* Traduit de l'anglais par Andrée Christensen et Jacques Flamand, 2002, 120 pages.
2. Denyse B. Mercier. *Émail et patine. Poésie / Email si patina. Poezie.* Traduit en roumain par le professeur Virginia Bogdan, 2003, 104 pages.
3. Joe Rosenblatt. *Le perroquet fâcheux / Parrot Fever. Fable surréaliste / Surrealist Fable.* Collages de Michel Christensen, traduit de l'anglais par Andrée Christensen et Jacques Flamand, 2002, 84 pages.
4. Virgil Burnett. *Leonora. Poèmes et dessins / Poems and Drawings.* Illustrations de l'auteur, traduit de l'anglais par Andrée Christensen et Jacques Flamand, 2003, 92 pages.

First Fire / Ce feu qui dévore
est le deux cent quatre-vingt-dix-huitième titre
publié par les Éditions du Vermillon.

Composition
en Times, corps douze
sur quatorze
et mise en page
Atelier graphique du Vermillon
Ottawa (Ontario)
Infographie de la couverture
Christ Oliver
Impression et reliure
Marquis Imprimeur
Cap-Saint-Ignace (Québec)
Achevé d'imprimer
en juillet de l'an deux mille cinq
sur les presses de
Marquis Imprimeur
pour les Éditions du Vermillon

ISBN 1-894547-91-8 Les Éditions du Vermillon
1-894543-32-7 BuschekBooks
Imprimé au Canada
Printed in Canada